Librairie FIRMIN DIDOT
CONTES & HISTOIRES
LES CINQ SOUS D'ISAAC LAQUEDEM
LE
A. SOUZE
ENGEL. Rel.
AF452788

LES AVENTURES

DE

BERTOLDO

DE BERTAGNANA

TYPOGRAPHIE FIRMIN-DIDOT. — MESNIL (EURE).

LES AVENTURES

DE

BERTOLDO

TEXTE PAR ÉMILE MOREAU

ILLUSTRÉ

DE NOMBREUX DESSINS DANS LE TEXTE

ET DE QUATRE AQUARELLES TIRÉES EN COULEUR

PAR CH. GILLOT

PARIS

LIBRAIRIE DE FIRMIN-DIDOT ET Cⁱᵉ

IMPRIMEURS DE L'INSTITUT, RUE JACOB, 56

1883

LIVRE
I

I.

Il y avait une fois, au village de Bertagnana, un paysan nommé Bertoldo.

Deux oreilles énormes se faisaient pendant de chaque côté de sa tête, aussi grosse qu'une citrouille, et encadrée, par en haut, de petits cheveux roux courts et plats, rudes comme des soies de porc; par en bas, d'une barbe touffue et crasseuse; dans l'ombre de son nez épaté plus rouge qu'une betterave, sous des sourcils dont on eût pu faire des brosses, luisaient deux yeux aux paupières éraillées, deux tout petits yeux..... Sa bouche était grande, en revanche, et s'allongeait jusqu'aux oreilles : sur sa lèvre, qui faisait lippe, descendaient deux dents jaunes, aiguës et longues autant que les défenses d'un marcassin. Petit avec cela et trapu, le ventre fort, des bras courts où s'emmanchaient de larges mains velues, des jambes arquées et massives que terminaient des pieds disgracieux, tel était à peu près notre homme.

Sa prodigieuse laideur l'avait rendu célèbre dans le canton, si bien que les nourrices étaient sûres de calmer les enfants les plus colères en les menaçant de leur faire voir Bertoldo.

Mais, déshérité du côté de la tournure, le Bertagnanais se rattra-

pait du côté de l'esprit, qu'il avait vif et subtil : son jugement passait à bon droit pour tellement sain, ses réparties pour tellement plaisantes, que ses compatriotes le préféraient au plus habile des avocats, voire des charlatans.

Bertoldo était le cadet de dix frères, et son état de laboureur lui donnait à peine de quoi subsister, à lui, à sa femme Marcolfa et à leur fils Bertoldino. Sa pauvreté du reste ne lui ôtait pas sa belle humeur et il s'était appris à ne s'étonner de rien.

Seul son fils, aussi pourvu en bêtise que lui l'était en bon sens, avait le don de l'irriter : et, de fait, il ne se passait pas d'heure où Bertoldino ne semblât prendre à tâche d'user la patience de son père. Celui-ci, bon homme au fond, finissait toujours par pardonner.

Une fois pourtant la colère l'emporta..... Il est juste d'ajouter qu'on se serait fâché à moins. Ce jour-là, avant de partir aux champs,

Bertoldo avait, en présence de son fils, coupé la queue et les oreilles à un jeune chien, — c'était déjà la mode à cette époque; —
en présence de son fils aussi il avait recommandé à sa femme de
veiller à ce que les poules couvent leurs œufs.

Au soleil couchant le laboureur revient, harassé, comptant déjà
à part lui ce que pouvait rapporter la moisson semée et les pous-
sins à naître, quand, tout à coup, il entend du côté de sa maison
les hurlements les plus effroyables qui aient jamais déchiré les oreilles d'un Bertagnanais..... Il se hâte et reconnaît bientôt, à travers
un nuage de poussière, son âne qui accourt à fond de train.....

« Holà!... ho! Misère de moi! que lui arrive-t-il? Serait-il devenu enragé?... Il ne me reconnaît pas..... — Holà!... ho!... »

Mais le malheureux âne n'entend rien, ne voit rien..... Le voici, le nez en l'air et faisant feu de ses quatre sabots, qui vient droit à son maître, l'atteint avant qu'il ait eu le temps de se garer, le renverse, et, défiant toute poursuite, continue sa course furieuse, toujours mêlée de lamentables : hi! han!

Le poursuivre, au reste, le pauvre Bertoldo n'y songeait guère : de la route poussiéreuse il avait roulé jusque dans le fossé où croupissait une eau saumâtre, et c'est là qu'il se débattait, au plus grand effroi des grenouilles riveraines, quand Marcolfa survint toute tremblante, et, lui tendant cette fidèle quenouille qu'elle ne quittait, dit l'histoire, que pour manger et pour dormir, le remit sur pied, sa grosse face empourprée encore de saisissement, blanc de poussière du côté du ventre, jaune de boue de l'autre côté, si piteux enfin que sa ménagère, maintenant rassurée, se tenait de rire.

« Fais-moi grâce de ta gaieté, interrompit le Bertagnanais : dis-moi ce qu'on a fait à notre âne, et quel est le gredin qui lui a mis des chardons dans les oreilles et sous la queue : car voilà bien, n'est-ce pas?..... »

— Ohimé! fit la femme en levant les bras (ce qui est leur manière de dire : hélas! en Italie), ohimé! la pauvre bête n'a plus ni queue ni oreilles : ne l'as-tu pas vu?

— J'ai vu trente-six chandelles, et n'ai pas eu le temps d'en voir davantage..... Et comment n'a-t-il plus?... Qui a osé?... »

Alors elle, doucement :

« Tu ne le gronderas pas? » Bertoldo s'était levé.

« C'est Bertoldino, je gage! » s'écria-t-il.....

Marcolfa baissa la tête.....

« J'aurais dû m'en douter! » ajouta le laboureur qui se mit à marcher du côté de sa métairie à si grands pas que sa femme avait peine à le suivre. « Ah! le scélérat de fils! La queue et les oreilles!..... Il en mourra, c'est sûr..... Ou, s'il n'en meurt pas, c'est tout comme : il ne voudra plus revenir à la maison..... Il est perdu pour nous!... »

Et il se hâtait, essoufflant Marcolfa, mais pestant toujours, mêlant dans ses récriminations Bertoldino et l'âne, l'âne et Bertoldino...

« Ne te l'avais-je pas prédit qu'il deviendrait notre tourment?... La queue et les oreilles!... Quelle férocité!...

— Je vais t'expliquer, insinua la mère : il n'y a pas mis de malice, le pauvre... Mais non! Il l'a fait comme il te l'a vu faire au chien ce matin...

— Triple butor!... Et tu prétends?...

— Écoute, Bertoldo!...

— Où est-il? » hurlait le paysan maintenant arrivé dans sa cour, et que la colère semblait enivrer ; « où est-il, le misérable, que je lui inflige la correction qu'il mérite et telle qu'il s'en souvienne jusqu'à ses premiers cheveux blancs? Où est-il? »

Et le voilà qui le cherche dans l'écurie déserte où gisent encore les traces irrécusables du forfait... — Personne!... dans la laiterie... — Rien... dans l'aire... — Rien!

« Il se sera enfui, » insistait la femme : « il reviendra pour se mettre à table : calme-toi... »

Mais Bertoldo, sourd à ses prières, furetait toujours, dans l'étable, puis dans le poulailler... Il l'ouvre...

« Ah! enfin! Je te trouve, bandit! Lève toi!... Que fais-tu là, tout de ton long couché sur la paille? »

Sur quoi le balourd, d'un ton satisfait :

« J'ai rangé tous les œufs à côté les uns des autres, et je les couve ensemble, papa, pour que ça aille plus vite... »

Le malheureux s'était souvenu de la recommandation de son père à sa mère, et, trouvant les poules trop lentes qui ne couvent que quelques œufs à la fois, avait imaginé ce moyen!...

Je vous laisse à juger l'omelette...

Quant à la colère du père, c'était devenu de la fureur : sa femme, en bonne mère, tâcha encore de détourner l'orage...

« C'est ainsi? hurla Bertoldo : tu le défends?... Il suffit : je ne passerai pas un jour de plus dans une maison où il se trouve un enfant pour commettre de pareilles énormités, et une femme pour lui donner raison... Non! pas un jour de plus! C'était assez des hommes d'affaires, je pense, pour travailler à notre ruine, sans instruire ton fils à nous achever... Oui : l'instruire! Toi seule en as fait le nigaud qu'il est, avec tes façons de le gâter toujours et de ne le corriger jamais! »

Et il imitait le ton traînard de l'enfant :

« Je les couve ensemble, papa!... — Imbécile!... Adieu, tiens!... Aussi bien je suis las de me voir en loques et de toujours trouver en rentrant ma soupe trop chaude ou trop froide... — Portez-vous bien, madame ma femme, et puisse monsieur Bertoldino vous remplacer l'âne que vous avez perdu!... »

Sur quoi, sans rien vouloir entendre, Bertoldo, tournant le dos à la maison, s'en fut, droit devant lui...

II.

Trois jours après, arrivé à Vérone, il s'arrêtait sur la plus belle place de la ville, en face d'un monument de princière apparence dont toutes les portes étaient ouvertes à deux battants.

« Qu'est cela? » se demanda notre homme qui, depuis le matin, marchait de stupeur en stupeur, indifférent aux regards étonnés ou narquois; et il avisa un passant.

Ce passant se trouvait être un banquier très fier, mais qui, pour l'heure, venait de dépouiller à son profit une douzaine de ses collègues, ce qui l'avait mis d'humeur charmante et valut au paysan le plus bienveillant accueil.

« Cette magnifique bâtisse doit loger bien du monde, fit Bertoldo, et c'est une auberge sans doute?... Non? Serait-ce une église?

— Ni l'un ni l'autre, répondit le banquier; c'est le propre palais de notre roi Alboin.

— Ah! bah!... Un bien bon homme, à ce qu'on prétend?

— Le meilleur de tous, mais marié à la pire des femmes.

— Il n'en a que plus de mérite, et il ne sera pas dit que j'aurai passé devant chez lui sans lui souhaiter le bonjour. C'est là sa porte?

— En effet : toujours ouverte à tous, comme vous pouvez voir.

— Bon! Merci, Monsieur.

— De rien, mon ami. »

... Et là-dessus le banquier de suivre sa route, et le Bertagnanais d'entrer.

De quel élan il se fût enfui s'il eût su ce qui l'attendait dans ce palais!

Il traversa un vestibule, puis une cour, se trouva dans une loggia où aboutissait un large escalier, qu'il gravit, enfila des corridors et commençait même à s'y perdre, d'autant qu'il y faisait sombre, quand sa main qu'il étendait pour se conduire rencontra une tapisserie. Il l'écarta, et voici ce qu'il vit :

Une vaste salle d'une architecture singulière, avec armures aux piliers et lustres aux clefs de voûte : au milieu, une grande table; dessus, un tapis magnifique; autour, de trois côtés, une demi-douzaine de vieux plus décrépits les uns que les autres, splendidement vêtus d'ail-

leurs et tenant tous un portefeuille rouge sous le bras gauche; du qua-
trième côté, sur un fauteuil d'or massif, exhaussé de deux marches, un
septième vieux moins décrépit, mais plus splendidement vêtu encore et
portant sur une perruque trop apparente une couronne où étincelaient

toutes les pierreries connues : d'où Bertoldo conclut que celui-là était
le roi Alboin.

En quoi il ne se trompait pas.

Au-dessus du monarque, dans une cage en fil d'argent, sommeillait
un corbeau mélancolique.

Au-dessous du monarque, c'est-à-dire sur les marches du trône et
non moins chauve que ces marches mêmes, un personnage étrange,

3

bossu, cagneux, ridé, avec une moustache de chat et beaucoup de
verrues, s'éventait d'un bonnet aussi bariolé que son costume et mê-
lait aux éclats de sa voix grinçante le tapage d'une marotte hérissée de
grelots.

Disons-le tout de suite pour ceux qui, comme Bertoldo, ne l'ont
pas deviné encore, cet homme était le fou du roi, — il s'appelait Fagotto, — et la demi-douzaine de décrépits n'étaient autres que les
ministres réunis en conseil.

La séance avait été chaude, car tout le monde s'épongeait. Fagotto
se tut. Il se fit un silence.

Alors le roi, se levant, dit d'une voix morne :

« Voilà !

— Bravo ! s'écrièrent les six ministres...

— Voilà : Fagotto a raison. »

Fagotto se rengorgea, et les vieux le saluèrent.

« La reine et les dames du palais se plaignent qu'on manque de confiance en elles en les éloignant des fonctions publiques : elles se font
fortes de se prouver capables de discrétion autant et plus que vous...

— Hum ! hum ! hasardèrent les décrépits...

— Vous en doutez ? J'en doute aussi, continua Alboin : mais je
suis las de discuter... »

Et il frappa sur la table. Bertoldo était tout oreilles.

« Ainsi ? interrogea le conseil.

— Ainsi, puisque ces dames demandent à être ministres à leur
tour, je suis résolu... A quoi suis-je résolu déjà ?... »

Les six vieillards tenaient leur souffle...

« Ah ! je suis résolu à les y autoriser et à leur donner votre place...

— Eh quoi! sire?... » firent d'une seule voix les ministres des six ministères, serrant sous leur bras gauche leurs six portefeuilles...

« Rassurez-vous, Messieurs : je leur donne votre place, mais je garde la mienne. »

Les vieillards semblaient changés en statues.

« Donc, interrogea le premier ministre à qui revint d'abord la parole, Sa Majesté est mécontente de nous?

— Pas le moins du monde.

— Pardonnez-moi, puisqu'elle nous renvoie!

— Vous avez raison : c'est ma foi vrai! Pour donner votre place à ces dames, il faut que je vous l'ôte...

— Nécessairement.

— Je n'avais pas pensé à cela... Diable! diable! »

Et le roi retomba dans ses songeries.

Cependant Bertoldo, quittant son poste d'observation, était entré dans la salle et venait droit au trône : mais tout le conseil restait plongé dans une telle mélancolie que personne ne le remarqua.

« Diable! diable! répétait le roi... Que faire?... »

Il en était là, quand une lourde main s'abattit sur son épaule avec une de ces tapes énormes qu'aiment à échanger les paysans...

Le roi chancela sur son trône : il faillit tomber, quand la grosse voix de Bertoldo ajouta dans un bon rire :

« Grand nigaud, embarrassé pour si peu!... »

Alboin regarda autour de lui... Nul doute : c'était à sa personne royale qu'allait ce geste et cette apostrophe...

Il se leva, terrible, redressant la couronne sur sa perruque... Tout le conseil s'était levé avec lui, suffoqué...

Alboin avait pris son sceptre sur la table, et il en allait fendre le crâne de l'insolent... quand il l'aperçut... Un moment il sembla hésiter, puis sa mâchoire s'ouvrit d'un mouvement sec, le sceptre tomba de ses mains, dont il se prit le ventre. Ses yeux se plissèrent, sa joue se gonfla, il frappa du pied et partit du plus bel éclat de rire dont jamais ait été secouée bedaine royale...

Ce que voyant, le conseil répéta la même pantomime, s'esclaffant consciencieusement. Fagotto se prit à rire aux larmes, secouant ses longs bras, trépignant sur ses jambes torses, et menant à lui seul plus de bruit que le roi, les ministres et Bertoldo lui-même, que cette gaieté convulsive avait gagné et qui s'en donnait à cœur joie.

« Ah! ça, qui es-tu? d'où viens-tu? que veux-tu? » demanda le roi quand il se sentit plus calme.

— Qui je suis? Bertoldo, père de Bertoldino, fils de Bertolino, petit-fils de Bertazzo, arrière-petit-fils de Bertolazzo; d'où je viens? de Bertagnana, ma patrie; ce que je veux? te tirer de l'ennui où je te vois, car tu me plais, malgré ta simplicité d'esprit.

— Qu'est-ce à dire, manant? interrompit le bouffon...

— Laisse-le parler, fit Alboin : la vérité ne déplait pas au roi. »

Sur quoi Fagotto, qui savait peut-être à quoi s'en tenir, se tut, tout en se promettant une revanche.

« Ainsi tu connais la situation? demanda Alboin à Bertoldo.

— J'ai tout entendu de là. Ces dames ont demandé qu'on mît leur discrétion à l'épreuve?

— Elles l'ont demandé.

— Bien. Que me donneras-tu si je te débarrasse à jamais de leurs criailleries à toutes et à ta femme en particulier?

— Tout ce que tu voudras! Choisis : te plaît-il que je crée pour te l'offrir un septième ministère?

— Non, merci : il y en a assez de six. Je ne demande qu'à avoir, tant que je resterai ici, ma soupe, ni trop chaude, ni trop froide, à l'heure des repas.

— Tu l'auras, foi d'Alboin!

— Alors tout va bien. Fais venir ta femme.

— Cela n'est pas dans l'ordre, » observa le roi.

Et il fit un signe au premier ministre, qui le répéta au second, qui le transmit au troisième et ainsi de suite jusqu'au dernier, qui appela un huissier endormi près de la cheminée. L'huissier se leva, salua, alla ouvrir la porte : un garde parut; l'huissier lui transmit l'ordre : le garde salua, ferma la porte, et sortit.

Alors le Bertagnanais, montant sur une escabelle, ôta le corbeau de sa cage, le mit dans un petit coffre oublié dans un coin, et dont il fermait le couvercle quand Borgno entra.

Borgno était le chancelier de la reine, et son nom lui venait de ce qu'il lui manquait un œil.

Il y voyait assez cependant pour se sentir grande démangeaison de pouffer au nez de Bertoldo : mais Alboin le lui ayant présenté comme son ami, son envie de rire cessa du coup.

« Borgno, fit le paysan abrégeant les révérences, où sont les plaignantes?

— Elles attendent la réponse du roi là, en bas, dans le jardin qu'on voit de cette galerie.

— Il suffit. Descends les y rejoindre, et dis à ces dames que le roi consent à les nommer ministres... »

Les vieillards laissèrent choir leurs portefeuilles...

« Et à la reine, continua le Bertagnanais, qu'il daigne la nommer roi...

« Eh! là-bas! exclama Alboin : je n'ai pas parlé...

— Laisse-moi donc faire, » interrompit Bertoldo; puis il ajouta, parlant au chancelier :

« Les brevets sont dans ce coffre que tu vas leur porter; préviens-les seulement de ceci : le roi désire que le cachet qui ferme la liasse ne soit rompu que demain, en présence de toute la cour. Ces dames devront donc se dispenser d'ici là d'ouvrir le coffre que nulle clef ne ferme, comme tu vois, le roi s'en remettant à leur discrétion... Ne

touche pas! Acceptez-vous cette condition? Elle est absolue!

— Nous l'acceptons.

— Ainsi, c'est entendu : nous donnons nos places à ces dames; mais nous les reprendrons si le couvercle a été seulement soulevé!

— C'est entendu. Il ne le sera pas.

— Maintenant, Borgno, va, mon ami. »

Et Borgno, saluant le conseil, descendit s'acquitter de sa commission.

Mais, pendant que Bertoldo le suivait des yeux, souriant, le conseil demeurait inquiet.

Le roi même semblait perplexe.

« Dis-moi, mon ami, hasarda Alboin, je ne comprends pas.

— Ni moi, opina le premier ministre.

— Ni moi, ajoutèrent les cinq autres.

— Ni moi, conclut Fagotto.

— Ça ne fait rien, répliqua le Bertagnanais : venez ici, et vous allez comprendre. »

Et il les conduisit à la galerie dominant le jardin où Borgno, qui

venait de remettre le coffre aux femmes, achevait de leur répéter ses instructions.

Or, le roi y était à peine accoudé avec son conseil,... que, dans le ciel, sous leurs yeux, passa le corbeau, s'envolant à tire d'aile...

« J'ai compris! s'écria Alboin.

— J'ai compris! répéta chacun des ministres.

— J'ai compris! » grimaça Fagotto.

Et Bertoldo se dit, à part lui :

« Ça n'est pas dommage! »

LIVRE
II

III.

A partir de ce jour, la reine et les dames du palais ne soufflèrent plus mot, furieuses de s'être laissé prendre en faute : Alboin respira donc tranquille et s'en montra reconnaissant à Bertoldo, dont il fit son intime ami, lui pardonnant toutes les irrévérences et le mettant de toutes les fêtes : des chasses, par exemple, que Bertoldo avait une façon à lui de suivre, assis au pied d'un arbre, du matin au soleil couché, et donnant pour raison qu'il n'en avait ni plus ni moins de gibier à se mettre sous la dent le soir, au dîner du prince.

Car il avait sa place à table à côté du roi, qu'il divertissait de ses saillies et qui prétendait n'avoir jamais mangé de si bel appétit que depuis le jour où il avait pris cet homme pour confident et conseiller.

Et c'étaient, au dessert, des conversations interminables, Bertoldo racontant à Alboin les combats où prirent part le Crabe et l'Écrevisse, et la raison de leur marche de travers et à reculons; l'Histoire de la princesse des Belettes, qui était si savante, si savante, et qui avait un âne pour précepteur; et enfin les Aventures de Polichinelle, son parent par les oncles, et d'Arlequin, son allié par les tantes, aventures que nous avons recueillies et publierons après les siennes, ainsi que celles de Pierrot, son descendant.

Puis venaient, entre le Bertagnanais et Fagotto, des assauts plaisants mêlés d'énigmes, tel qu'un qui eut lieu au palais le soir des Rois de cette année, et dont une inscription récemment déchiffrée par un groupe de jeunes savants nous a permis de reconstituer ce lambeau :

« ... *Fagotto*. — Quel est le meilleur vin?

« *Bertoldo*. — Celui qu'on boit chez les autres, parce qu'il ne coûte rien.

« *Fagotto*. — Quel est le plus long jour de l'année?

« *Bertoldo*. — Celui où l'on ne mange pas.

« *Fagotto*. — Quelle est l'herbe que reconnaissent les aveugles?

« *Bertoldo*. — L'ortie.

« *Fagotto*. — Quelle est la plus mauvaise fleur?

« *Bertoldo*. — Celle du vin ; car elle annonce la fin du tonneau.

« *Fagotto*. — Comment t'y prendrais-tu pour attraper un lièvre à la course?

« *Bertoldo*. — J'attendrais qu'il fût à la broche.

« *Fagotto*. — Pour porter de l'eau dans un crible ?

« *Bertoldo*. — J'attendrais qu'elle fût gelée. »

... Sur quoi Fagotto ne sachant plus que lui demander :

« Mais toi, interrogea le Bertagnanais, dis-moi lequel de nous tous est le plus vite endormi ? Tu ne devines pas ? C'est Borgno donc, puisqu'il n'a qu'un œil à fermer...

... Au moins arriveras-tu à m'expliquer pourquoi ton crâne est déjà chauve quand ton menton reste encore garni ?... — Pas davantage. — Eh ! ne comprends-tu pas que tes cheveux devaient partir avant ta barbe, puisqu'ils sont de vingt ans plus vieux ?... »

Et l'assemblée s'étant mise à rire et à railler Fagotto, le bouffon s'emporta, paraît-il, furieux de se voir insulté, telles furent ses expressions, par un va-nu-pieds dont les souliers baillent.

« Tu es si ennuyeux ! riposta le Bertagnanais, qui, tout en s'essoufflant à parler, semblait chercher quelque chose.

— Qu'as-tu, Bertoldo ?... demanda Alboin.

— J'ai, répondit-il, que je voudrais bien cracher, sauf votre respect.

— Je t'en donne permission : choisis seulement l'endroit le moins propre.

— Il suffit. »

Et il cracha sur le crâne du bouffon.

Fagotto, en de telles occasions, avait toujours le tort de se fâcher jusqu'à grincer des dents, ce qui achevait de mettre les rieurs du côté de son adversaire. Cette fois-là, les rieurs le plaisantèrent tant et si bien, le roi tout le premier, que Fagotto dut quitter la place, crevant de rage et jurant de se venger.

Ce fut chez la reine qu'il alla, et nous tenons d'un huissier de service que leur conférence ne dura pas moins de sept quarts d'heure. Ce qu'ils se dirent, la suite de cette histoire vous permettra de le deviner sans doute.

Toujours est-il que, quand il sortit, il semblait apaisé, et même ce fut lui qui, à la première rencontre, tendit d'abord la main au Bertagnanais, trop confiant pour soupçonner quel orage s'amoncelait sur sa tête.

Et comment se méfier d'ailleurs en une telle prospérité?

Car sa victoire sur le bouffon l'avait rendu plus cher encore au roi, qui de ce jour ne le quitta pas d'une semelle. Plus de bonne promenade sans Bertoldo. Aux revues qu'il passait de ses troupes, aux visites qu'il faisait à ses flottes et à ses arsenaux, aux inaugurations de toute sorte, partout le Bertagnanais accompagnait le monarque : et il ne recevait pas dans le royaume un ambassadeur, il ne se signait pas un traité de commerce ou d'alliance, il ne se concluait pas de mariage princier, il ne se nommait pas de fonctionnaire public, il ne se changeait pas un galon dans l'uniforme des troupes, qu'il ne fût consulté, lui avant tous les autres et lui seul le plus souvent.

Si bien qu'au bout de quelque temps, sans avoir jamais causé le moindre tort à personne, et pour le seul fait de conseiller sagement et de savamment distraire son roi, Bertoldo se trouva l'homme le plus jalousé de Vérone, et bientôt le plus décrié. Enfin les commérages allèrent si loin, les accusations montèrent si haut, que le roi ne put faire un pas sans s'entendre, par allusions discrètes ou par sorties violentes, reprocher son amitié pour le nouveau venu.

Tous ceux que la chose intéressait, ceux même qu'elle n'intéres-

sait pas se donnèrent le mot; tant qu'une ligue se trouva constituée
avec mission de renverser le favori, ligue où entrèrent des ministres,
des courtisans et jusqu'à des domestiques du palais.

A la tête de cette ligue était la reine.

Cette méchante femme avait encore sur le cœur le tour que, dès
son arrivée, lui avait joué Bertoldo.

Pour l'en punir, il n'est rien qu'elle ne sût imaginer, la malice de
Fagotto et sa rancune venant encore en aide à sa rancune à elle et
à sa malice.

D'abord elle prit le parti de bouder le roi, affectant de ne plus se
montrer auprès de lui ni dans les réjouissances, ni à la chasse, ni à
table, prétextant toujours la migraine quand son mari l'invitait au
théâtre, ou même ne prétextant rien et ne répondant que par des airs
pincés ou des torrents de larmes.

Bref, le roi, qui souffrait déjà le purgatoire dans son ménage, y souffrit
bientôt l'enfer : sa santé s'en ressentit, et comme il est reconnu qu'on
a bon caractère quand on a bon estomac, Alboin ne mangeant plus
qu'à contre-cœur et digérant mal, son humeur se modifia jusqu'à
devenir presque aussi acariâtre que celle de sa femme.

Rien n'était plus à son gré : il renvoya successivement trois valets
de chambre auxquels il reprochait de toujours faire son lit ou trop

haut ou trop bas; il changea quatre fois de cuisiniers en deux jours,
soutenant qu'ils mettaient trop d'épices dans ses sauces ou qu'ils n'en
mettaient pas assez. Et on le vit à cette époque entrer dans de formidables colères contre un habit dont la manche se présentait mal ou
une chaussure difficile à retirer. Bertoldo, surpris autant que peiné
de ce changement, essaya, la première fois, de calmer le prince en

riant de sa fureur : la fureur du prince en redoubla. La seconde fois,
le Bertagnanais affecta de se fâcher plus fort que lui... L'emporte-
ment d'Alboin fut tel qu'il faillit étouffer. Sur quoi notre paysan, en
s'approchant pour lui porter secours, eut le malheur de heurter un
cor dont le roi souffrait à en crier. Sa maladresse porta l'exaspéra-
tion d'Alboin à son comble, et le pauvre favori dut se jeter dans la
pièce voisine pour éviter une vaisselle que le prince lui lançait à la
tête.

Cette vaisselle, — un plat de macaroni, dit l'histoire, — ce fut la reine, entrant au moment même, qui la reçut en pleine figure!...

Une autre moins perfide eût poussé les hauts cris : la reine s'en garda bien, comprenant tout le parti qu'elle pouvait tirer de cette mésaventure.

Elle laissa le roi s'humilier, lui demander pardon à genoux d'un affront bien involontaire.

« Excusez-moi, princesse, répétait il, je ne me relèverai pas que vous ne m'ayez tendu la main... Excusez-moi... c'est ce misérable Bertoldo que je visais, non pas vous : je vous conjure de le croire... C'est sur lui, non sur moi, que doit retomber votre colère. Punissez-le vous-même, je vous y autorise, je vous en prie au besoin : ça me fera plaisir; aussi bien, suis-je las de l'entendre me dire des insolences

sous prétexte de vérités. Choisissez son châtiment à votre fantaisie :
je vous l'abandonne. »

Et ce mot imprudent lâché, Alboin, consolé par un sourire de sa
femme, se releva et sortit.

Il n'en fallait pas tant à la reine.

Et la voilà qui fait signe à Fagotto, lequel l'avait suivie; Fagotto
arrive et derrière lui deux gardes de formidable stature, qui, sur un

geste, se placent chacun d'un côté de la porte par où s'était esquivé
Bertoldo. Tout cela sur la pointe du pied. Tous semblent l'attendre :
que lui veulent-ils? Peut-être ferait-il aussi bien de ne pas revenir...
S'il avait eu l'idée de s'enfuir... Mais non : la tapisserie a tremblé ;
n'entendant plus de bruit, il a jugé bon le moment pour rentrer... Il
tend sa grosse tête...

Aïe! Il est pris! Chaque garde tient une de ses oreilles, — et il y a
de la prise ; — il veut lutter, on lui lie les bras ; crier, on le bâillonne...
Et la reine n'a pas cessé de sourire...

Pourquoi Fagotto est-il sorti et que rapporte-t-il? — Un sac... Le
Bertagnanais y est déjà : on le ficelle ; un des gardes le prend par les
pieds, l'autre par la tête...

Pauvre Bertoldo! que va-t-on faire de toi?... Écoutez... Hélas!
savez-vous ce que la reine vient de dire aux deux porteurs?

« Prenez par la galerie qui domine l'Adige!... »

IV.

L'Adige, — est-il besoin de le dire? — est la rivière qui passe à Vérone.

Le triste cortège, suivant les corridors déjà obscurs, — car la nuit tombait, — arrive donc à la galerie qu'une balustrade sépare seule de l'Adige...

Et, sur un signe de la reine, les sbires balançaient déjà l'infortuné au-dessus de l'eau.

— Une!... deux!...

Ils allaient compter trois! et lâcher tout, quand un nouveau geste
de la reine les arrêta.

Elle venait de réfléchir à ceci : sa vengeance serait bien plus com-
plète si elle avait autant de témoins qu'en avait eu sa propre confu-
sion; qu'il fallait qu'elle en eût davantage encore, et, pour cela, que
l'exécution se fît au grand jour devant le peuple de Vérone convoqué
tout exprès.

Elle communiqua l'idée à Fagotto, qui l'approuva : il fut donc décidé
que l'immersion n'aurait lieu que le lendemain, et que d'ici là Bertoldo resterait dans cette galerie, — et dans ce sac, — sous la garde
d'un des sbires.

Ce qui fut fait. Le sac appuyé à une colonne, la reine et Fagotto
installèrent près de lui le plus robuste des deux porteurs, sa terrible
épée en main, et, après lui avoir expliqué l'importance de sa consigne,
s'éloignèrent, suivis de l'autre garde, laissant le Bertagnanais tout surpris
de vivre encore et s'ingéniant déjà à chercher le moyen que cela dure.

Le peu qu'il avait entendu des recommandations de ses ennemis
au sbire, le bruit de leurs pas qui allait s'éloignant, puis s'éteignit
tout à fait, remplacé par le piétinement lourd de la sentinelle, lui
firent comprendre qu'on le laissait et pour longtemps seul avec son
gardien.

Il n'avait plus qu'un adversaire au lieu de quatre; c'était déjà autant de gagné : son courage, un instant abattu, se raffermit; bientôt
même, à force de se creuser la cervelle, il lui sembla entrevoir un
espoir de salut, bien frêle encore... Il s'y raccrocha pourtant et se
promit de tout entreprendre pour tirer de là le fils de sa mère...

Par malheur, pour réaliser cet espoir, la première condition était de pouvoir parler : et son bâillon lui serrait la bouche jusqu'à imprimer dans sa lèvre ses deux formidables dents.

Par bonheur, le mouchoir qui le tenait muet, étant de taille ordinaire, n'était arrivé que juste à faire le tour de son énorme tête : le nœud se trouvait donc très court; et, après un quart d'heure passé par notre prisonnier à s'enfler les joues et à se plisser la figure de toutes les grimaces connues, le nœud s'avoua vaincu, et le bâillon tomba sur le cou du Bertagnanais, qui poussa un profond soupir de soulagement.

« Maintenant, se dit-il, puisque c'est ma langue qui m'a perdu, il est bien juste que ma langue me sauve. »

Et, sans perdre une minute, le voilà qui se met à pousser des gémissements à fendre l'âme, entrecoupés d'exclamations non moins pitoyables, qui eurent pour premier résultat de réveiller la sentinelle, laquelle s'engourdissait, et de la ramener près du sac d'où partaient les plaintes.

« Ah ! malheureux que je suis! criait Bertoldo; me voilà bien avancé d'être noble à ne plus pouvoir compter mes aïeux, d'être riche à ne pas savoir le nombre de mes châteaux... Voilà ce que ma fortune m'a valu! Que ne suis-je né aussi pauvre que le sbire qui me garde à cette heure!... Quelle destinée que la mienne!...

— Çà, qui êtes-vous donc? » hasarda le sbire qui n'avait pas perdu un mot de ses jérémiades et ne semblait pas fâché de rompre la monotonie de sa faction en parlant un peu, fût-ce à un sac, ce qui d'ailleurs ne lui avait pas été défendu. « Qui êtes-vous donc? répéta-t-il. Et pourquoi, si noble et si riche que vous le dites, vous trouvez-vous dans l'état où je vous vois?... où je vous entends, pour mieux dire.

— Mon pauvre ami! s'exclama le Bertagnanais heureux de voir qu'il avait intéressé l'homme à l'épée, le récit de ce qui m'arrive est tellement dangereux que je ne vous en dirai pas le premier mot, avant que vous ne m'ayez juré de n'en rien rapporter à qui que ce soit.

— Soyez tranquille, répondit le sbire, dont ces précautions allumaient la curiosité; je n'en parlerai à personne, je vous le jure!

— Il suffit. Apprenez donc... Mais d'abord faites le tour de la galerie, s'il vous plaît, et regardez bien si quelqu'un de la cour n'est pas aux écoutes... »

La sentinelle fit le tour de la galerie.

« Nous sommes seuls ici, dit-elle à Bertoldo en revenant, vous pouvez parler sans crainte...

— A la bonne heure! Eh bien, sachez que si la reine... » et en disant ces mots il se mit à baisser la voix de plus en plus, finit même par se taire tout à fait... et, au bout de quelques minutes, ajouta assez haut :

« Comprenez-vous maintenant pourquoi je tenais à ce que nous ne fussions pas entendus?

— Rassurez-vous : vous y avez réussi, vous n'avez pas même été entendu de votre serviteur.

— Et comment cela se fait-il? N'aviez-vous pas l'oreille tout près de ma bouche?

— Si fait... Mais suis-je sot! cela vient sans doute, ajouta le soldat, de ce que le sac est fermé...

— Sûrement, répondit Bertoldo, satisfait de le voir venir de lui-même où il le voulait, sûrement! Si vous tenez à m'entendre, il vous faut en détacher la ficelle. »

Ce que fit le sbire, jaloux de connaître l'histoire de son prisonnier.

« Allons donc! laissa échapper le Bertagnanais en sortant la tête : de la sorte nous pourrons causer! »

Le soldat ne prit pas garde à ce mot, tant l'aspect de cette tête le laissa stupéfait. Nouveau à la cour, il ne connaissait pas encore Bertoldo et n'avait guère eu le temps de le considérer pendant qu'il le mettait dans le sac.

« Misère de moi! qu'est-ce que cet homme là? Est-ce un homme?

— Je vois ce que c'est, fit Bertoldo : ma laideur vous surprend; vous n'êtes pas le premier... Ma laideur et ma fortune, voilà les deux causes de mon malheur.

— Ah! bah? Contez-moi donc ça.

— Figurez-vous, commença le Bertagnanais, se dégageant peu à peu, que la reine nous a pris en aversion, moi et une de ses demoiselles d'honneur : moi, pour ma laideur qui lui répugne, dit-elle; sa demoiselle d'honneur, pour sa beauté dont je la sais jalouse : si bien qu'elle a, dans un jour de gaieté, fait le pari de nous marier ensemble. Vous me suivez?

— Très bien.

— La jeune personne a été avertie de ce projet, mais elle ignore la tournure du prétendant qu'on lui réserve : sa famille, en revanche, me connaît.

— Alors elle ne doit pas en être très satisfaite de ce projet, sa famille?

— Elle en est ravie, au contraire : oui! Tous ces gens-là sont fort ambitieux et assez peu riches, cent mille piastres de rente à peine, et ils passeront volontiers sur ma laideur, comptant sur ma fortune pour redorer leur blason.

— Peste! il n'est pas si dédoré : cent mille piastres de rente! Combien donnent-ils à leur fille.

— Soixante mille piastres.

— De rente.

— De rente! Comptant!

— Comptant! Comment, la reine vous propose une affaire pareille et vous dites qu'elle vous a pris en aversion?...

— Attendez donc...

— C'est moi qui ne serais pas longtemps avant de l'accepter...

— Vous, vous pourriez le faire...

— Ne pouvez-vous pas, vous?

— Mais non.

— Je comprends, au fait : la jeune fille ne veut pas de vous...

— Du tout : ce n'est pas elle qui me refuse, puisque je vous dis qu'elle ne me connaît pas...

— Qui est-ce alors?

— C'est moi!

— Pourquoi?

— Parce que je ne l'aime pas, parce que j'en aime une autre, qui m'aime, en dépit de ma difformité, et qui m'a promis de m'épouser; parce qu'enfin, fussé-je libre de mon cœur, je suis gentilhomme et me ferais vraiment un scrupule d'unir à une personne aussi jolie que l'est la demoiselle d'honneur un être aussi disgracieux que je le suis. »

Et, ce disant, Bertoldo, achevant de débarrasser ses jambes, sortit complètement du sac et se montra à son gardien des pieds à la tête.

« De fait, le reste répond au visage, » fit le sbire en riant. Et il ajouta :

« Et c'est pour vous punir de ce refus que la reine a donné l'ordre de vous mettre dans ce sac et de le jeter dans l'Adige?

— Précisément.

— La reine devait pourtant bien penser que ce mariage n'était pas possible, et que, quand même vous n'auriez pas refusé la demoiselle d'honneur, la demoiselle vous refuserait dès qu'elle vous verrait, et elle ne peut pas vous épouser sans vous voir.

— Pardon : voilà tout juste où on veut l'amener, et c'est à ce guet-apens que mon honneur m'ordonne de la soustraire.

— Ainsi elle devait vous épouser sans vous voir? répéta le soldat comme se parlant à lui-même.

— Comme vous avez l'honneur de le dire. »

Il se fit un silence, Bertoldo laissant son interlocuteur à ses réflexions.

« Et, reprit celui-ci, comment la reine pensait-elle arranger la chose?

— Voilà... Vous êtes sûr, n'est-ce pas? que personne ne nous écoute...

— Personne, mais non!

— Eh bien, la cérémonie devait avoir lieu cette nuit même dans la grande salle qui est là, tenue à cet effet dans l'obscurité la plus profonde.

— Je comprends.

— Dans deux heures, peut-être avant, la reine reviendra me demander ma décision : elle espère me déterminer par les cadeaux que la famille et elle-même offrent au marié.

— Ah! il y a des cadeaux?

— Superbes! parmi lesquels un coffre renfermant vingt mille piastres et les titres de propriété d'un château.

— Pas possible?

— Si fait; mais la reine sait bien que tout cela n'est que bagatelle pour un homme si prodigieusement riche que je le suis, et elle compte surtout sur la menace qu'elle m'a faite de me jeter dans cette rivière au-dessus de laquelle vous me balanciez tout à l'heure...

— Histoire de vous effrayer?

— C'est cela même : seulement la reine compte mal si elle compte avec ma peur; et je préfère mourir cent fois que de trahir la personne à qui j'ai donné ma parole, et d'en épouser une autre que je suis sûr de rendre à jamais malheureuse! »

Sur quoi Bertoldo ménagea un second silence plus long que le premier, qu'il employa à lorgner le sbire du coin de l'œil.

Le sbire resta longtemps perplexe; puis, brusquement, en homme qui prend son parti :

« Monseigneur, fit-il, voulez-vous que je prenne votre place dans ce sac? »

Le plus gros de la partie était gagné; mais Bertoldo, qui craignait à bon droit qu'en mettant trop de hâte à accepter, il ne donnât des soupçons au sbire, Bertoldo fit bien des cérémonies encore, prétendant, entre autres choses, que le sbire était trop bel homme, que, même dans l'obscurité, on le reconnaîtrait.

A quoi le soldat répondit qu'il se voûterait. La réponse sembla satisfaire Bertoldo, qui, petit à petit, se laissa tout à fait convaincre, reconnaissant avec la sentinelle que la reine n'y perdrait pas même sa vengeance, puisque la fille d'honneur, à qui elle en voulait, allait en somme faire une mésalliance en épousant un simple soldat; que les cadeaux, minces pour un homme riche, avaient de quoi séduire un pauvre militaire, et que pareille aubaine ne se représenterait jamais.

Cet argument sembla déterminer le sbire, et il allait entrer dans le sac, quand, au dernier moment, des doutes lui vinrent : la peur de s'attirer la colère de la reine le retenait surtout...

« Que veux-tu que puisse la reine après la cérémonie? insista le Bertagnanais : le mariage signé, il n'y a plus à y revenir... »

Et comme il vit que l'homme hésitait encore, il fit semblant de réfléchir lui-même, convenant qu'après tout, il avait peut-être tort d'y mettre tant de scrupules, que cent mille piastres de rentes ne sont pas à dédaigner, que cette fiancée était plutôt plus belle que l'autre et mieux apparentée, et que, tout bien considéré, il était résolu maintenant à se prêter à ce que désirait la reine.

En même temps il faisait le geste de reprendre sa place.

Cette fois ce fut la sentinelle qui s'y opposa : « Il arriverait ce qui pourrait, son choix était fait; » et pour ôter au Bertagnanais la tentation de reculer, il s'introduisit dans le sac, priant Bertoldo de l'y ficeler soigneusement, ainsi qu'il l'était lui-même.

Bertoldo, en frottant contre l'épée du sbire les cordes qui lui serraient encore les poignets, les eut vite coupées, et il les ajouta à celles qui fermaient le sac.

Cela fait, il recommanda de ne pas bouger au soldat, qui lui répondit :

« Je n'aurai garde! »

Et, s'éloignant sur la pointe des pieds, le Bertagnanais s'occupa des moyens de sortir du palais, persuadé, non sans raison, qu'il ne se-

rait vraiment à l'abri qu'une fois un bon bout de chemin mis entre
lui et la reine. Or, pour sortir du palais, à moins de sauter dans l'A-
dige, — et le malheureux ne savait pas nager, — il fallait nécessairement passer devant une douzaine de gardes qui, chaque soir, s'instal-
laient à chacune des portes et auxquels son signalement avait dû être
donné et l'était en effet.

Ce danger semblait presque aussi inévitable que le précédent, et
tout autre que notre homme eût perdu son temps à se désespérer :
Bertoldo n'y pensa même pas.

Un stratagème lui était venu à l'idée.

Il s'était rappelé que l'appartement de la reine donnait sur cette
galerie.

Il y va résolument, passe sans la réveiller devant la camériste de
service, laquelle ronflait dans son fauteuil, complètement assoupie par
la lecture de la gazette de Vérone, et arrive jusqu'au lit où la reine,
non moins profondément endormie, rêvait déjà qu'elle assistait à la
noyade du favori.

« Tout va bien, se dit Bertoldo; l'affaire est de les trouver maintenant : où la reine les met-elle? »

De quoi parlait-il? Nous allons le savoir sans doute.

Et là-dessus, de rôder à tâtons à travers la chambre qu'une toute
petite lampe éclairait à peine, — heureusement pour lui! — car voici
qu'en continuant ses recherches, le pauvre diable vient de se heurter
dans un escabeau qui chancelle et s'abat sur le tapis avec un bruit
qui lui semble plus retentissant que le bruit du tonnerre...

« Misère de moi, elle va se réveiller!... »

Elle ne se réveilla, grâce à Dieu, qu'à moitié : elle en était de son

rêve au moment même où le Bertagnanais venait d'être lancé dans
l'Adige, et elle prit le fracas de cette chute pour le floc! du sac heur-
tant l'eau; elle se leva sur le coude, regarda autour d'elle de ses yeux
ensommeillés, sans voir Bertoldo qui se pelotonnait dans l'ombre, tenant sa respiration, se retourna avec un gémissement, puis se ren-
dormit.

Bertoldo la laissa se rendormir à son aise.

Il allait se relever pour reprendre ses investigations, quand il s'a-
perçut qu'il était assis précisément sur l'objet de ses recherches, les
habits de la reine, déposés sur l'escabeau en question et tombés du
même coup.

Endosser la robe à fleurs d'or, dissimuler la tête sous le voile aux
armes de la reine, fut pour notre héros l'affaire d'une minute.

Au bout d'une autre minute, il se trouvait à la porte ouvrant sur l'escalier... Quand je dis ouvrant, c'est une façon de parler, car Bertoldo l'ayant secouée à plusieurs reprises, dut se convaincre, — et ce fut bien un autre embarras, — que cette porte, la seule par laquelle il pût descendre, était fermée...

Bertoldo restait là, devant cette porte aux ferrures énormes, se grattant le front, horriblement inquiet, car la nuit touchait à sa fin, et, par la fenêtre voisine, il voyait déjà les étoiles pâlir, annonçant que l'heure de son supplice était proche... Il commençait même à regretter amèrement le mouvement de colère qui lui avait fait quitter sa femme et son garçon, qu'il ne reverrait plus jamais, jamais... quand un bruit singulier le fit tressaillir...

On dirait... mais, oui, certainement!... c'est un trousseau de clefs qui vient de choir sur une dalle, là, dans la chambre d'à côté... Si par hasard ces clefs?... Au fait, est-ce que cette chambre n'est pas?... Si, parbleu! il s'en souvient très bien à cette heure, c'est celle de la chambrière en chef, une vieille sourde comme un pot, chargée de la garde des appartements royaux et conséquemment des clefs de toutes les portes, dont elle met en s'endormant le trousseau sous son traversin...

Plus de doute! Un mouvement de la vieille avait, à travers son sommeil, fait tomber les bienheureuses clefs que le hasard envoie si juste à point au pauvre hère.

Aussi ne fit-il pas attendre le hasard, et vous n'auriez pas eu le temps de compter cent qu'il était déjà revenu à la porte, essayant tour à tour, — et avec quelles précautions! — ces clefs qu'il n'eut pas échangées pour celles du paradis... Enfin voilà une serrure d'ouverte! Celle du milieu... puis celle d'en haut... puis celle d'en bas... La porte,

qu'il tire à lui, cède, s'entre-bâille... Il s'y glisse, la ramène doucement, jette, non sans un frisson, le trousseau dans le fleuve, et se
met à descendre les marches qu'il eût voulu franchir quatre par quatre,
mais que la prudence et la réserve commandée par son costume l'o-
bligeaient à compter une à une et d'un pas régulier...

Bien lui en prit de n'y pas avoir mis trop de hâte...

Écoutez... On l'a vu!... Les hallebardes sonnent sur les dalles.
C'est le poste de garde qui, averti de l'approche de la reine, se met
sous les armes, aligné depuis la dernière marche jusqu'à la porte ex-
térieure, celle au bout de laquelle Bertoldo voit blanchir le pavé de
la rue!...

Plus que quelques pas... Il rabat le voile sur la tête, laisse trai-

ner la robe, prend la plus royale tournure qu'il peut, répond de la
main au salut de l'officier, passe enfin devant les soldats stupéfaits de
voir la reine sortir à cette heure, franchit le seuil tant souhaité, garde
encore son allure majestueuse aussi longtemps qu'il se sent en vue,
puis, au premier détour, ramassant la queue de sa robe sur son bras,
pousse le plus fameux « ouf! » qui ait jamais soulagé sa poitrine de
Bertagnanais, prend ses jambes à son cou, et, tout le long des rues
désertes, court, court tant qu'il peut courir, passe des ponts, traverse
des places, enfile des ruelles et des ruelles, arrive enfin dans un fau-
bourg abandonné, avise aux portes de la ville un four en ruines, s'y
blottit, harassé d'émotion et de fatigue, et, pour le coup tranquille, s'y
endort d'un sommeil de plomb.

LIVRE
III

V.

A ce moment-là même la reine s'éveillait.

« Déjà grand jour! » se dit-elle.

Sur quoi, impatiente de vengeance et curieuse d'entendre les sonneurs de trompe aller convoquer les Véronais au supplice de Bertoldo, elle appelle et appelle encore sa cameriste, qui arrive enfin, étouffant mal ses bâillements.

« Allons donc! lui crie la reine; qu'il vous faut de temps à vous lever! Habillez-moi...

— Quel costume mettra aujourd'hui Sa Majesté?

— Qu'importe? Celui que j'avais hier... Mais finissons!... — Ah!
ça, que cherchez-vous si loin?... Mes jupes sont sur l'escabeau au
pied du lit...

— C'est que précisément je suis sûre de les y avoir mises hier soir...

— Eh bien?

... Eh bien! je ne les y retrouve plus...

— Sotte que vous êtes, commença la reine avec un geste de colère... regardez donc!... » Elle n'en dit pas davantage : l'escabeau était

bien à sa place, mais les jupes n'y étaient plus... « Donnez-moi ma robe
rose, reprit-elle, et demandez à la chambrière en chef ce que signifie
cette disparition...

— Ce que signifie la disparition de mes clefs? demanda la vieille
qui entrait; hélas! je l'ignore autant que Sa Majesté...

— Qu'est-ce encore? que dites-vous? fit la reine : on vous a pris
vos clefs comme on m'a pris mes jupes?...

— On me les a prises sous mon oreiller. »

Ceci fut l'occasion d'une querelle terrible, la reine étant d'autant plus furieuse que, sans rien deviner encore, elle se sentait déjà prise d'une crainte vague...

Elle s'habilla en hâte, et, pendant que, par la fenêtre, la chambrière demandait aux gardes de lui faire monter un serrurier, elle vint à la galerie.

Fagotto y arrivait en même temps qu'elle, réveillé par l'envie d'insulter encore une fois à son adversaire vaincu.

En même temps qu'elle, il constata la disparition du sbire, dont l'épée seule restait à côté du sac, toujours plein, à n'en pas douter. Ceci les rassura.

« Ce serait donc le sbire, conclut la reine, qui aurait volé mes robes et les clefs de la chambrière? A quel propos? Bertoldo le sait peut-être : peut-être est-ce lui qui, dans un but que j'ignore, lui a soufflé cette idée, nous allons bien voir; et, venant au sac : « Réponds-moi, ajouta-t-elle... Tu es toujours là, n'est-ce pas?

— Oui, Madame, répliqua le sbire qui, tant il avait froid, claquait des dents et n'était pas fâché d'en finir.

— Ne mens pas si tu ne veux qu'il t'arrive pis encore que ce qui t'attend... Tu sais ce qui t'attend?

— Je le sais, mais j'en ai pris mon parti...

— Hein?

— Je veux dire que j'accepte la demoiselle d'honneur. Je suis prêt à tout ce qu'on voudra... Qu'on la fasse venir! je me déclare résolu à l'épouser immédiatement.

— Qu'est-ce qu'il nous chante? se demanda la reine.

— La peur l'aurait-elle rendu fou? » ajouta Fagotto.

Et le sbire continuait :

« Pourvu qu'on me donne toujours les vingt mille piastres et les titres de propriété du château...

— Ou si c'est, dit tout bas la reine au bouffon, qu'il contrefait l'insensé?... dans quel but? »

Et du geste elle appela des valets qui passaient...

Le sbire reprit :

« Sans préjudice, bien entendu, des cent mille livres de rente!...

— Ouvrez ce sac! » ordonna la reine aux valets.

Les valets obéirent...

L'homme sortit la tête.

« Le sbire! » s'écria la reine.

« Le sbire! » répéta Fagotto.

A quoi le sbire ajouta :

« Diable! vous avez attendu qu'il fît jour : cela rendra peut-être le mariage plus difficile; mais n'importe!...

— En prison! interrompit la reine; en prison! misérable qui m'as trahie!...

— Je suis plus bel homme que l'autre, c'est vrai, essaya de répondre le sbire...

— En prison! hurlait la princesse! En prison!... Emmenez-le, vous autres, et qu'il y reste jusqu'à ce que l'homme à la place duquel il s'est mis soit pendu! car il le sera! Je le veux!... »

Et, tandis que les valets emportaient le malheureux garde, lequel se débattait, tâchant en vain de leur prouver qu'il y avait erreur, la reine, suivie de Fagotto, non moins furieux qu'elle, alla heurter à la porte du roi.

Le roi était en conseil avec ses ministres.

« Quoi! de si bonne heure? » dira-t-on.

Voici ce qui avait provoqué cette convocation extraordinaire.

La femme d'un maraîcher des environs, venue par extraordinaire ce jour-là à la place de son mari, pour porter au marché de Vérone ses fruits et ses légumes, avait, en passant près du four où dormait Bertoldo, reconnu la robe de la reine.

Courir au marché, avertir du fait les marchandes de volaille qui le répétèrent aux marchandes de poisson, revenir avec elles et leurs pratiques constater l'événement, ameuter en passant les bourgeois, et, tout le long du chemin, commenter, discuter, grossir la chose : tout cela prit moins de minutes qu'il ne faut de mots pour l'écrire.

Tant et si bien qu'une demi-heure après le soleil levé, il se trouvait devant le four un rassemblement considérable dont il est difficile d'évaluer l'importance, car le premier historien de Bertoldo porte le nombre des curieux à treize mille, son traducteur à cent trente mille, et la dernière édition à deux cent quatre-vingt-dix-sept mille et quelques centaines, sans compter les vieillards, les femmes ni les enfants.

Vous n'attendez pas que je vous reproduise les commérages qui circulaient dans cette cohue : un in-folio n'y suffirait pas ; beaucoup se démentaient d'ailleurs : l'opinion qui se dégagea enfin la plus générale et la plus appuyée de témoignages oculaires et auriculaires, était qu'Alboin avait eu une querelle violente avec sa femme à l'occasion d'une maison de campagne qu'elle le priait de lui offrir, ce à quoi il se refusa ; que, des gros mots, le ménage royal en était venu aux coups ; que même le prince avait donné à la reine dix-neuf fois de suite du balai sur les épaules, — détail qui faisait crier de pitié marchandes et bourgeoises, — et que c'est à la suite de ce traitement indigne que la reine avait quitté le palais, décidée à retourner vivre chez son père, aux États duquel on se rendait en passant par cette porte de la ville... Mais qu'accablée de chagrin, elle s'était venue reposer dans ce four où le sommeil s'était emparé d'elle.

Sur quoi clameurs et vociférations telles que les assistants, bientôt surpris que ce bruit ne réveillât pas leur souveraine, en conclurent qu'elle avait succombé à ses blessures, et, d'un même pas, se por-

tèrent au palais du roi, l'accablant tous ensemble de reproches, d'in-
jures et de menaces, et ne parlant de rien moins que de le traiter
comme il avait traité sa femme...

Tiré du lit par ce charivari, Alboin se fit expliquer l'affaire par le
capitaine des gardes, lequel ne put que confirmer la nouvelle de la

disparition de la reine : pour cela il en répondait, l'ayant saluée de son
épée au passage.

Abasourdi, le roi pensa tout de suite à Bertoldo pour le tirer de là ;
mais, cherché inutilement, Bertoldo ne fut pas trouvé au palais : ce qu'ap-
prenant, Alboin, de plus en plus navré, s'était rabattu sur son conseil.

Or ses ministres semblaient plus ahuris encore et plus tremblants

que lui-même; si bien que le roi, à qui le ministre de la guerre venait
de proposer par habitude l'emploi du canon pour réduire cette émeute,
le roi n'hésita pas et se déterminait à fuir par les souterrains ménagés
à cet effet... quand on frappa à la porte... Le roi et les six ministres
pâlirent sur leurs sièges...

« Entrez! » murmura Alboin...

La reine entra...

« La reine! » cria d'une seule voix tout le conseil.

Le roi s'était levé; et il entamait déjà une querelle, reprochant à sa
femme sa sortie nocturne, cause de tout ce tapage; mais, comme la
reine criait en même temps et plus haut encore, l'accusant de s'être
fait le complice de la fuite de Bertoldo, la scène eût pu durer des heures
sans aboutir... Heureusement les ministres s'interposèrent; Fagotto
défendit qu'on parlât plus d'un à la fois; et, cette consigne observée,
tout le monde finit par comprendre, non sans peine, que Bertoldo
avait été pris pour la reine et que rien n'était arrivé qu'à cause de
lui; découverte qui eut pour résultat de reporter toute la colère du
prince sur le pauvre Bertagnanais.

La reine, en affectant de calmer son mari, ne fit que l'irriter davantage : la bonne âme ne cherchait pas autre chose; bref, elle n'eut pas
de peine à le convaincre que l'outrage fait par le fugitif à l'autorité
royale, dont il avait ridiculisé le costume et compromis le prestige, ne
méritait pas moins que la corde.

La punition sembla bien un peu forte au prince, qui tâcha de ter-
giverser; mais l'insistance des ministres, les perfides insinuations de
Fagotto, et, par-dessus tout, les menaces de plus en plus violentes de
la populace, lui arrachèrent son consentement.

Il se montra à son balcon avec la reine : le peuple applaudit; il expliqua le malentendu : le peuple applaudit encore; il promit que l'auteur de cette mystification serait pendu : le peuple applaudit de plus belle, cria *Vive Alboin!...* et l'on courut chercher Bertoldo.

Pendant ce temps la reine, qui des commérages de la foule avait retenu le mot de *maison de campagne*, profita de la circonstance pour en demander une au roi, en signe de réconciliation.

Le roi n'osa pas refuser; seulement, comme il lui faudrait, pour la payer, augmenter les impôts de ses sujets, la reine l'engagea, pour assurer l'acceptation de cet édit, à aller faire un tour dans la ville, réchauffant de sa présence l'enthousiasme populaire, et semant sur son passage les promesses et les poignées de main.

Le conseil était bon : Alboin le suivit, et ce fut une chance pour notre héros.

Réveillé en sursaut, le malheureux Bertagnanais, à qui deux cent quatre-vingt-dix-sept mille voix hurlaient sa sentence, comprit que cette fois il était perdu sans ressources, et, quand le bourreau suivi de deux estafiers vint le chercher, il se laissa emmener sans résistance, la mort dans l'âme, découragé pour la première fois de sa vie.

Sa bonne étoile voulut qu'il rencontrât le roi : il s'arrêta en l'apercevant, ne lui dit pas un mot, mais son regard était chargé d'un si humble et si poignant reproche, qu'Alboin se sentit tout remué et que ce fut lui qui fit suspendre la marche.

« Tu m'en veux? » demanda-t-il à Bertoldo en le prenant à part.

« Moi? pas du tout : je sais que ce que tu en fais est pour faire plaisir à ta femme...

— C'est vrai, et tu dois comprendre ces raisons-là?

— Parfaitement, répondit le Bertagnanais que le plaisir de railler ranimait peu à peu; parfaitement : aussi tu vois que je pars sans reproche...

— En effet.

— Mais non pas sans regret...

— Comment! Tu as des regrets? Quel enfantillage!

— Je n'en ai qu'un : celui de ne pouvoir choisir l'arbre auquel je serai pendu.

— Ah! bah!

— Eh! oui : mourir n'est rien quand on meurt à sa guise, et il y a de certaines branches auxquelles il me serait moins pénible qu'à d'autres de me voir attaché.

— Eh bien, fit le roi après un silence, il ne sera pas dit que je t'aurai privé de ce plaisir. Accompagnez le condamné, » ordonna-t-il au bourreau et à ses hommes, « et laissez-le faire choix de son arbre. »

Le bourreau s'inclina : Bertoldo se mit en route, suivi de son escorte...

... Et le peuple applaudit.

VI.

Cependant le roi acheva sa promenade d'un pas mélancolique.

De tout le déjeuner il n'ouvrit les dents, ni pour parler, ni pour manger, encore bien moins pour rire.

Tout le tantôt il resta morne, plongé dans ses pensées.

En vain les courtisans, s'ingéniant à l'envi pour le tirer de cette torpeur, imaginèrent les distractions les plus rares : les ministres organisèrent des concerts où ils prirent part eux-mêmes ; il prétendit que ses ministres jouaient faux ; on fit venir les meilleurs comédiens de Vérone et les plus plaisants : il les trouva lugubres.

De toute la nuit qui suivit cette journée, il ne ferma l'œil que pour se débattre dans d'interminables cauchemars, où revenait toujours un nœud coulant ; et la reine, qui s'était installée à son chevet, le vit se réveiller vingt fois suffoquant et tirant la langue...

Il se leva tout pâle...

Chose prodigieuse et sans exemple, l'embonpoint gagné par lui pendant le séjour de Bertoldo au palais, fondit en quelques heures. Il maigrissait littéralement à vue d'œil.

Les médecins, consultés, se réunirent, firent des discours pendant toute une après-midi et conclurent de cet état anormal qu'ils ne savaient qu'en dire.

Le roi avait cessé tout travail : il refusa de présider le conseil des ministres, repoussa la plume quand on la lui tendit pour des signatures, et comme sa présence était exigée à tous les conseils de ministres et sa signature indispensable au bas de tous les édits, la vie politique du royaume s'arrêta du coup.

Les grandes administrations se disloquèrent, les employés passant leur temps à attendre les ordres de leurs supérieurs, lesquels attendaient ceux du monarque.

Les juges cessèrent de siéger, à la grande joie de messieurs les voleurs qui s'en donnèrent à cœur joie, et que les gens d'armes n'osaient arrêter, faute d'instructions de leurs chefs.

Personne ne fut plus décoré ; les constructions commencées restèrent en chantier : on ne lança plus d'affaires, et les banquiers ayant cessé de payer aux bourgeois leurs rentes, les bourgeois en profitèrent pour

ne plus payer leur terme : la bourse s'en émut, des désastres se
produisirent; rien n'alla plus...

Et les citoyens erraient par les rues, mornes et désespérés comme
à la veille de la fin du monde, s'arrêtant devant le palais, où parfois
le roi paraissait aux fenêtres, maigre comme son ombre et transparent
comme une lanterne.

Pauvre Alboin ! Il semblait porter son propre deuil.

Les yeux fixes, obsédés d'une vision lamentable, la tête vide, les
lèvres marmottant des mots qu'on n'entendait pas et qui ressemblaient
à la fois à des excuses et à des remords, il errait par le palais, indifférent à tout, oublieux de ce qui l'intéressait d'ordinaire, sans prendre
garde à son costume trop incomplet souvent, étonnant toute la cour
par des distractions qui tenaient de la folie.

Le fait est pénible à dire, mais positivement Alboin ne savait plus
ce qu'il faisait.

Cet état mental du roi eut les conséquences les plus singulières.

C'est ainsi qu'on le vit, un soir, en plein dîner de gala, au moment de verser l'huile et le vinaigre sur la salade, prérogative réservée dans ce pays aux personnes de sang royal, ôter la chandelle du chandelier le plus proche et arroser consciencieusement de suif sa barbe de capucin.

La veille, il avait eu une mésaventure bien plus étrange encore.

Rentrant pour se coucher dans sa chambre sans lumière, il avait été prendre son briquet sur la table de nuit, et commençait à en heurter

les cailloux... Il frappe... il frappe encore... Aucune étincelle ne luit... Il ne s'était pas rendu compte qu'il n'avait pris qu'un des deux silex et qu'il le battait obstinément contre sa main... La douleur finit par l'avertir de sa méprise : il cherche l'autre pierre, et la trouve; mais c'est l'amadou maintenant qu'il ne retrouve plus... En vain il furette partout, obstinément, soulève les tapis, tâte le dessous des meubles... Rien!

« Suis-je sot! s'écrie-t-il enfin; je ne trouve rien parce que je ne vois pas clair. »

Et, sur cette réflexion judicieuse, il prend sa chandelle, va l'allumer dans l'antichambre à la torche d'un des gardes, rentre chez lui, constate, grâce à cette lumière, qu'il serrait son amadou dans sa main gauche, et, ravi de cette découverte, se met en devoir d'en tirer parti : il reprend son briquet, le bat autant de coups qu'il est nécessaire, enflamme l'amadou, attise le feu de son souffle, vient pour allumer sa chandelle, s'aperçoit alors qu'elle l'est déjà, et se couche en répétant :

« Pauvre, pauvre Bertagnanais!... »

Le surlendemain matin, le roi se leva vers dix heures, dit l'histoire, s'étant endormi très tard. Il achevait de mettre ses habits maintenant grands assez pour tenir deux monarques de sa taille, et venait de se coiffer de cette perruque à longue queue ficelée d'interminables rubans rouges, qu'il avait mise à la mode... quand, on ne sait comment, au premier pas qu'il fit, il s'étala de tout son long.

« Dans quoi me suis-je heurté? » se demanda-t-il.

Et le voilà qui examine le plancher : pas le moindre clou dont la tête dépasse... Qu'est-ce que cela peut bien être? — Ah!... Il se penche... Aurait-il trouvé? — Eh! oui! Il se relève et tient entre le pouce et l'index l'objet, occasion de sa chute, — un cheveu!

« Mais c'est un cheveu à moi, ça! » ajoute-t-il en l'examinant.

Il ôte sa perruque, mettant ainsi à nu un crâne qu'on eût pris pour un œuf d'autruche, compare attentivement, et, concluant qu'il ne s'est pas trompé, mouille d'un peu de salive la pointe du cheveu et le replante au milieu de ses frères.

Là-dessus, il remet sa perruque... mais il est si distrait, le pauvre roi, qu'il la remet à l'envers, la queue en avant...

La chose n'est pas plutôt faite qu'il se dispose à sortir... Mais quoi! Qu'est-ce qui l'arrête? Pourquoi ses jambes grêles fléchissent-elles sous lui? Pourquoi ses yeux louchent-ils à suivre là-haut je ne sais quelle ombre menaçante?... Hélas! la queue de la perruque qui s'allonge, se recourbe, se tord à chacun de ses mouvements et frétille comme un serpent suspendu au-dessus de sa tête!... Alboin est tombé sur un siège : il n'ose plus bouger ; il sent cette chose effroyable là... toujours là... Glacé de peur, et sans force pour crier, il laisse tomber son menton sur sa poitrine...

Horreur! la bête étrange s'agite, furieuse... Il en voit l'ombre sur

le plancher : elle se démène, se dédouble, il lui semble, et se multiplie...
Mais non, il ne lui semble pas : rien n'est plus vrai!... Voilà deux
serpents maintenant! en voilà quatre! en voilà dix!...

Ce sont les rubans de la queue qui se détachent et ondulent suivant
tous ses gestes... Ils affectent des formes bizarres... On dirait... on dirait encore des nœuds coulants!...

Cette fois, c'en est trop! Le roi, qui se sent étrangler, trouve dans
son désespoir la force de crier :

« A moi! »

On arrive... et on le recouche dans un état pitoyable... La tête est
perdue... Il divague...

Que faire?

La reine convoque de nouveau les médecins, lesquels constatent
qu'ils se trouvent en présence d'un mal incompréhensible.

Cependant la situation du royaume allait s'aggravant comme celle
du roi. Des commissions d'hommes politiques et de savants s'étaient
réunies : des sous-commissions avaient été nommées et leur avis s'é-
tait trouvé d'accord avec celui des médecins. Les grèves se multi-
pliaient : après celle des tailleurs qui eut pour résultat de peupler les
rues de gens en guenilles, vint celle des porteurs d'eau à qui la grève
des marchands de vin donnait trop d'ouvrage, puis celle des épiciers,
puis celle des bouchers, puis celle des boulangers...

Bref, quelques jours encore et c'en était fait des sujets d'Alboin...

C'est alors qu'un enfant jouant dans un carrefour, — car les écoles
étaient fermées, — dit, — paraît-il, — à l'un de ses camarades :

« Amusons-nous à nous pendre, veux-tu? comme a été pendu
Bertoldo.

« — Je veux bien, répondit l'autre : seulement je choisirai mon arbre , et je te réponds que cela durera longtemps, et que, si j'étais à sa place, je ne serais pas encore pendu à l'heure qu'il est.

— Il ne l'est peut-être pas non plus.

— Chut! reprit le gamin, il ne faut pas le dire : s'il ne l'était pas, on l'enverrait chercher; le roi guérirait, et il nous faudrait retourner à l'école.

— C'est vrai. »

Or, à ce moment-là même, un des ministres passait à cet endroit : cette conversation le frappa; et, se hâtant, il l'alla reporter à la reine. L'idée de l'enfant parut à tous ingénieuse et profitable.

Rappeler Bertoldo, s'il vivait, là était certainement le remède! Et l'on vit les mêmes courtisans qui s'étaient ligués avec tant d'obstination contre le Bertagnanais, souhaiter qu'il ait su retarder sa mort, et puisse revenir sain de corps et d'esprit, en un mot d'humeur à rendre la vie au roi et par conséquent au royaume.

Bref, la question portée au conseil municipal fut reconnue d'utilité publique, et le jour même, les particuliers s'étant offerts à partager la dépense avec le gouvernement, plus de mille courriers à cheval furent envoyés dans toutes les directions avec ordre de ramener Bertoldo, s'ils le trouvaient encore en vie.

Et, de ce moment, on ne s'aborda plus dans tout Vérone que par ces questions :

« Eh bien! est-il venu des nouvelles? Est-on arrivé à temps? »

LIVRE
IV

VII.

La plupart des courriers avaient pris par la porte du Nord.

C'est par là, en effet, qu'était parti Bertoldo et avec lui le bourreau, porteur de sa corde, et les deux estafiers, casque en tête et lance au poing.

En sortant de la ville, Bertoldo eut cette chance que la route traversait une interminable plaine sans la moindre verdure. Aussi loin que le regard pouvait s'étendre, pas un arbre : rien que des blés, quelques vignes, et, par moments, des prairies coupées de marécages où le vent courbait des milliers de roseaux.

« Ah! tenez! soupira Bertoldo s'arrêtant pour montrer les grands joncs qui balançaient leur panache de velours, voilà la potence que j'aimerais!

— Farceur! » répondit le bourreau, qui, le prenant par le bras, le remit dans son chemin.

Le Bertagnanais ne se faisait pas prier d'ailleurs; mis en confiance par l'aspect de l'horizon, il marchait même d'une belle allure.

Cela dura ainsi jusque vers les quatre heures du soir, Bertoldo causant en ami avec ses compagnons de voyage et prêtant une oreille complaisante aux confidences du bourreau, lequel lui raconta qu'il devait se marier dans huit jours et qu'il avait hâte d'en finir avec cette exécution pour rentrer voir sa fiancée, une personne d'âge mûr déjà, et qui eût été encore très bien, n'était qu'elle louchait des deux yeux, boitait des deux jambes et bégayait un peu, faute de dents, mais qui rachetait ces imperfections par un excellent caractère et de beaux pâturages au soleil.

Bertoldo ouvrait la bouche pour le féliciter de cette union, quand il s'arrêta soudain, la parole expirant sur ses lèvres...

Il venait d'apercevoir là-bas, droit devant lui, à une lieue environ, une forêt d'apparence majestueuse.

« Si nous prenions ce petit sentier à gauche? essaya-t-il... Hé? Qu'en pensez-vous? »

Mais le bourreau aussi avait remarqué la forêt, et il insista pour qu'on poussât en avant.

Le Bertagnanais fit sans mot dire la première moitié de la route ; puis, quand il se vit non loin d'une auberge, il commença à gémir, se plaignant d'atroces douleurs au ventre, essaya de marcher encore, puis, cédant enfin à la violence de son mal, se laissa choir, assurant qu'il aimait mieux qu'on le tuât tout de suite, mais qu'à aucun prix, s'agît-il de sauver sa vie, il ne ferait un pas de plus ce jour-là...

Le bourreau, qui n'avait reçu que l'ordre de le pendre, ne voulut pas le tuer autrement : sur son avis, les deux estafiers ramassèrent notre héros qui se tordait toujours, le portèrent à l'auberge où on le coucha...

Et c'est ainsi que Bertoldo, heureux de voir encore s'achever ce
jeudi, évita la forêt pour quelques heures.

Mais le vendredi, il y fallut partir, et, quelque lenteur qu'on y pût
mettre, y arriver...

Cette forêt était toute plantée de chênes.

« Voilà notre affaire ! » affirma l'exécuteur en montrant le premier
un peu gros qu'il trouva muni à la hauteur voulue d'une belle branche horizontale.

« Ah ! voyons un peu, demanda Bertoldo : où ça ?... Lequel ?
Celui-ci ? Jamais ! Il est bien trop enfoui dans les autres : je veux bien
être pendu, mais pas étouffé. »

Et il se remit en marche, toujours suivi de son escorte, critiquant au passage tous les chênes que lui présentait le bourreau, l'un parce que la branche horizontale était trop bas placée, l'autre parce qu'elle était trop haute et qu'il ne tenait pas à faire rompre les reins à son exécuteur.

Ils allèrent ainsi jusqu'au moment où le soleil baissa sur l'horizon, Bertoldo toujours alerte, essoufflant le bourreau, lequel était d'haleine courte, et faisant suer à grosses gouttes les estafiers sous leur armure.

« Oh! pour le coup! s'écria l'un deux à un pli du chemin, tu n'auras rien à reprocher à celui-là. »

Et il montrait un chêne jeune encore, poussé dans un creux pourvu du bras requis très suffisamment fort et à bonne hauteur.

« De fait, insista le bourreau, on ne trouverait pas mieux quand on chercherait longtemps.

— Peuh! grimaça le Bertagnanais, ce trou me semble bien humide... Regardez! les grenouilles y abondent... Non, décidément! ce coin ne me va pas : je craindrais trop d'y gagner des douleurs. »

Et ils continuèrent leurs recherches, l'exécuteur commençant à trouver, à part lui, qu'il était tombé sur un gaillard bien difficile à satisfaire. La nuit approchait déjà, et pas un des arbres de la forêt successivement proposé n'avait paru à Bertoldo posséder les conditions requises, quand en face des voyageurs se dressa une montagne dont un chêne séculaire ombrageait toute la crête de ses rameaux tordus.

« Mes amis, s'écria Bertoldo, je crois que nous touchons cette fois au but : l'arbre que voilà domine une belle vallée, l'air y doit être vif et sain, la vue agréable : c'est là que vous me suspendrez, si vous le voulez bien...

— Comment donc? mais avec plaisir, répondit l'exécuteur.

— Seulement, ajouta le Bertagnanais, comme il se fait tard, — le

temps passe si vite! — que nous n'arriverons là-haut qu'à la nuit noire et que j'aurais plaisir à mourir en plein jour pour jouir à mes derniers moments du spectacle qu'on y doit avoir, nouspasseronslanuit, s'il vous plaît, dans la hutte de charbonnier que voilà, et demain, au soleil levé, je serai votre homme. »

L'exécuteur y consentit, à la grande satisfaction des estafiers qu'épouvantait déjà cette escalade.

« Vous l'avouerai-je d'ailleurs, ajouta Bertoldo, sans être superstitieux, je ne suis pas fâché de m'en aller un autre jour qu'un vendredi. »

Le samedi matin, quand il réveilla les oiseaux de la forêt, le soleil éclaira le cortège de Bertoldo montant, non sans haltes, la montagne que couronnait le chêne gigantesque.

« Diable! murmura notre homme quand il ne fut plus qu'à cent pas de l'arbre, diable! mais il est bien haut perché, ce chêne : de plus, sa tige est terriblement élevée et le tonnerre y doit tomber souvent... Eh! tenez, que vous disais-je? Il y est tombé déjà : voyez! sa tête fracassée n'a plus de feuilles... Je n'avais pas remarqué cela hier ; réflexion faite, ce n'est pas encore l'arbre qu'il me faut.

— Cependant, hasarda le bourreau...

N'insistez pas, mon ami, je refuse dans votre intérêt même : le ciel n'a pas bonne tournure ; j'ai déjà cru entendre des roulements d'orage et me ferais un scrupule de laisser foudroyer un brave fonctionnaire qu'attend sa fiancée... »

L'autre eut beau soutenir que c'était justement une raison de plus pour ne pas la faire attendre davantage : armé du consentement du roi, Bertoldo n'en voulut pas démordre, et force fut à l'exécuteur et aux estafiers de se remettre en quête d'une potence plus au gré du condamné.

La forêt passée sans que le Bertagnanais y découvrît l'arbre à sa convenance, le cortège recommença à arpenter des plaines où ne poussaient guère que des orangers trop peu élevés pour l'usage qu'on en voulait faire.

Enfin il se présenta un cerisier.

« Pour celui-ci, vous n'y pensez pas sérieusement, n'est il pas vrai? insinua le condamné prévenant leur pensée : vous ne voulez pas non plus me donner l'air d'un mannequin à épouvanter les oiseaux. »

L'exécuteur dut encore en faire son deuil.

Il se rabattit sur un noyer de belle apparence, rencontré une heure plus loin.

« Passons condamnation pour celui-là aussi, si cela vous est égal : l'odeur de ses feuilles me donne la migraine : il y aurait inhumanité à vous à insister. »

Le bourreau essaya pourtant : Bertoldo s'obstina et reprit la tête du cortège qui suivit, découragé.

Encore au bout d'une heure de marche, les quatre hommes trouvèrent un pommier.

« Allons! fais ta prière, ordonna l'homme à la corde ; c'est là que tu vas sauter ton dernier saut : regarde!

— Y pensez-vous? s'exclama le Bertagnanais : un pommier? Je suis bon chrétien autant que qui que ce soit, et je ne choisirai certes point pour y passer de vie à trépas un arbre dans les branches duquel il est constant que s'est caché le diable, et dont les fruits ont coûté à nos premiers parents la perte du paradis terrestre. »

La raison était bonne : aussi ni les estafiers, ni le fiancé de la vieille n'y trouvèrent rien à répliquer, et tous trois, suivant leur guide, continuèrent leur voyage, le bourreau soufflant de plus en plus, les gardes de plus en plus en nage, laissant traîner leurs lances, et leur casque passé dans le bras comme un panier.

Aucun d'eux n'osait protester d'ailleurs, mais tous étaient furieux au fond.

Bertoldo le sentit et s'efforça de les calmer.

« Et puis, ajouta-t-il, avouez qu'il est pénible pour un homme qui, comme moi, adore les pommes de se sentir étrangler de soif, —

car je suis persuadé qu'on doit étrangler de soif à ce moment-là, —
sans pouvoir décrocher un de ces fruits dorés et roses qui se balancent
à six pouces de votre nez. »

Les compagnons convinrent que c'était pénible.

Et le jour se passa ainsi.

Or, le lendemain, qui était un dimanche, le bourreau ayant dormi
sur un nid de fourmis, se leva de mauvaise humeur et jura que le soleil ne se coucherait pas que sa commission ne fût accomplie : aussi
bien sa fiancée lui reprocherait-elle une aussi longue absence.

« Hélas! pauvre insensé que tu es! commença Bertoldo, es-tu donc

si pressé de te serrer au cou cette autre corde qui s'appelle le mariage? »

Et là-dessus il entama une telle plaidoirie en faveur du célibat, fit
de la future femme de son interlocuteur un portrait en même temps si
drôle et si inquiétant, que, troublé par les rires des soldats, l'homme
en costume rouge se mit à réfléchir profondément et marcha pendant
plus d'une lieue en tenant la tête baissée.

Quand il la releva, ils étaient au bord d'une rivière, au-dessus de
laquelle un saule énorme étendait une branche si puissante que la
même idée leur vint à tous.

« Halte là! protesta Bertoldo : pas un saule! J'ai failli tomber
d'un arbre pareil dans la rivière qui passe à Bertagnana : j'avais six

ans alors ; et depuis cette époque j'ai toujours eu les rivières et les saules en particulière exécration... Tous les arbres que vous voudrez, mais pas celui-ci.

— Tu réponds toujours la même chose, insinua l'un des estafiers.

— Eh bien ! écoutez : je ne veux pas vous fatiguer davantage...

— Ah !

— Le premier arbre que nous rencontrerons en descendant cette rivière, je l'accepte d'avance : peut-on mieux dire ?

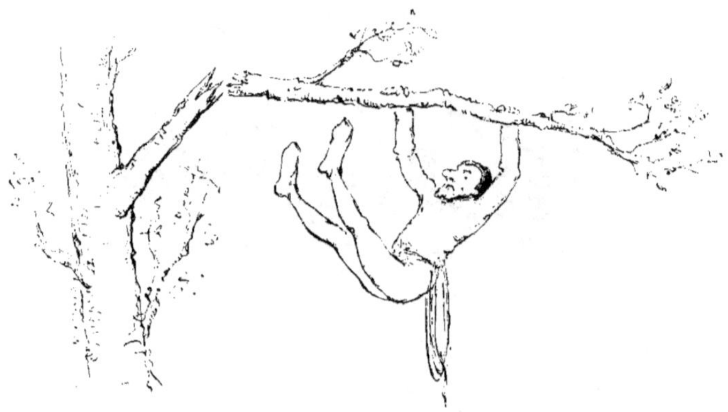

— Ça n'est pas possible, » répondirent-ils.

Et tous quatre, bras dessus bras dessous, commencèrent à suivre la berge.

« Pauvre insensé ! reprit Bertoldo s'adressant au bourreau, pour tromper les ennuis de la route, tu veux te marier ?... Mais mon exemple devrait t'avertir... » Et de lui raconter comment, à cause de son fils, il avait quitté Bertagnana, ce qui avait été le point de départ de

Alexis Lemaistre

ses mésaventures, ajoutant à son histoire à lui tant d'histoires de maris malheureux, sans compter Alboin, que l'exécuteur des hautes œuvres, trop convaincu cette fois, se détermina à partir avant une heure pour Vérone afin d'y faire interrompre les bans commencés, et, dans ce but, pressant le pauvre Bertagnanais, lequel était arrivé ainsi au contraire de ce qu'il cherchait, l'amena au pied d'un orme de belle apparence, lui passa la corde au cou et commençait à escalader l'arbre, quand Bertoldo l'arrêta.

« Prenez garde! fit-il, vous allez vous adresser là à une branche qui ne m'inspire pas confiance.

— Celle-ci? allons donc! Elle en supporterait quatre comme toi!

— Pardon! Je ne tiens pas à me casser une jambe, insista notre homme à qui sa vue plus perçante avait permis de se rendre compte du mauvais état de la branche : essayez-la vous-même ; sinon, je refuse encore!

— Tu n'en as plus le droit : tu as juré d'accepter le prochain arbre.

— Pourvu qu'il soit solide.

— Je vais te prouver qu'il l'est.

— Voyons. »

Et le bourreau, qui avait déjà noué la corde à la branche, s'y suspend par les mains et se laisse tomber...

Tomber est le mot : car, la branche cassant avec un bruit sec, le bourreau fut jeté si rudement à terre qu'il y gagna une entorse...

Voilà donc les estafiers obligés de se charger de l'exécuteur et de suivre ainsi, fort embarrassés de leur fourniment, et non sans s'arrêter bien des fois en chemin, Bertoldo toujours gaillard qui sifflait entre ses deux longues dents.

Ils arrivèrent ainsi à un peuplier.

« Cet arbre est celui que je cherchais! » s'écria-t-il.

Sur quoi le bourreau, que le bercement de la marche endormait, de rouvrir les yeux, et, quand il vit l'arbre qu'on venait d'émonder jusqu'au faîte, d'entrer dans une épouvantable fureur...

« Je commence à croire, conclut-il, que tu te moques de nous!

— Moi?

— C'est bien! je t'affirme que tu viens de fournir ta dernière étape, et que maintenant je ne te demanderai plus ton avis. Croc de boucher, enseigne de taverne, poulie de grenier, tout me sera bon pour m'acquitter de la commission du roi, je t'en avertis. — Là-dessus, en route, vous autres, et plus vite que cela!... »

Et les pauvres estafiers, moitié morts, tirant la langue et traînant leurs souliers à présent sans semelle, repartirent avec leur fardeau, toujours guidés par le Bertagnanais.

Ils arrivèrent ainsi à la mer ; et notre héros, qui commençait à s'inquiéter, tremblant surtout de rencontrer un village, se rassura cette fois : autour d'eux à droite, rien que des rochers à pic ; à gauche, rien que la mer ; derrière et devant, rien que la plage...

Par malheur, dans cette plage, une récente tempête avait planté le mât d'un navire, encore garni de sa vergue principale...

Le bourreau l'aperçut en même temps que la victime, et le premier eut un sourire aussi significatif que la grimace du second.

« La voilà ta potence, mon ami, » ricana l'homme rouge.

« Je vois bien la potence, » répondit le Bertagnanais ; « mais la corde, où est-elle?... »

Ses gardiens s'aperçurent alors qu'ils l'avaient laissée à la branche rompue de l'avant-dernier arbre ; et le bourreau, recommençant à s'emporter, parlait déjà de la leur envoyer quérir, quand, au pied de l'épave, il aperçut un paquet de cordages provenant du navire perdu.

« Rassure-toi, Bertoldo, fit-il : il y en a là plus qu'il n'en faut. »

L'infortuné Bertagnanais le comprit : tant d'efforts, de ruses, d'inventions et de retards n'avaient réussi qu'à prolonger son agonie ; il n'avait reculé que pour mieux sauter, — c'est le cas de le dire.

Il essaya bien encore de prétendre que ce mât n'était pas un arbre, à quoi le bourreau riposta que c'était un sapin ; il voulut soutenir qu'il ne saurait pas comment s'y prendre, pria l'estafier qui remplaçait l'exécuteur perclus de lui montrer, en le faisant lui-même, comment on se mettait la tête dans ce nœud, espérant, quand le cou y serait engagé, serrer la boucle, et, débarrassé ainsi de celui-là, échapper à l'autre par la fuite ; mais, averti par le bourreau, le soldat se refusa à tâter à la corde pour montrer à Bertoldo la manière de s'en servir. Monté sur le mât, il se disposa, suivant les avis de l'exécuteur, à peser sur les épaules du condamné pendant que son camarade, lui tenant les pieds, aiderait l'action du nœud coulant.

Désespérant de tout secours, mais résolu à faire contre mauvaise fortune bon cœur, le Bertagnanais, grimpé sur la vergue fatale, prenait déjà son élan... quand, au-dessus d'eux, du haut des rochers, une voix cria :

« Arrêtez! Au nom du roi, arrêtez! »

C'était un des mille courriers à cheval.

IX.

L'exécution fut suspendue, et le courrier vint dire au condamné l'objet de sa mission.

Bertoldo hésitait bien un peu à retourner dans cette cour où lui étaient arrivées tant de choses désagréables; mais quand il sut que cette condition était formelle, et qu'il lui fallait choisir entre le retour et la potence, il n'hésita plus et consentit à suivre le courrier, toujours accompagné des estafiers porteurs du bourreau...

. . . .

A partir de cet endroit, les historiens du Bertagnanais sont mal d'accord.

La version la plus universellement adoptée sur la façon dont se terminèrent les aventures de Bertoldo est la suivante :

Reçu en triomphe par la population de Vérone, accablé de cadeaux par la reine et d'honneurs par le roi, que son retour rendit à la santé, il fut invité successivement à tant de banquets par des gens influents, jaloux de fêter la prospérité nouvelle du royaume, il but tant de fois en l'honneur du monarque, lui, son bourreau, les estafiers et le sbire qu'il avait fait tirer de prison, qu'il se trouva surpris par une indigestion formidable.

Les médecins, toujours les mêmes, furent convoqués en grande hâte, et le remède qu'ils ordonnèrent, et surtout la forme inquiétante de l'instrument requis pour l'administrer, causèrent au malade une telle peur, que, subitement guéri, il s'enfuit sans que personne pût le retenir, courut sans s'arrêter jusqu'à Bertagnana, où il retrouva sa femme Marcolfa, toujours aussi bonne, et son fils Bertoldino, toujours aussi bête.

La légende ajoute que, quelques avances que lui fît Alboin, il ne voulut plus quitter sa métairie, ajoutant qu'il permettait bien à son ami le roi d'y venir lui rendre visite quand cela lui ferait plaisir, mais qu'il tenait à mourir dans son lit, et que l'air de la cour n'était décidément pas bon à son estomac.

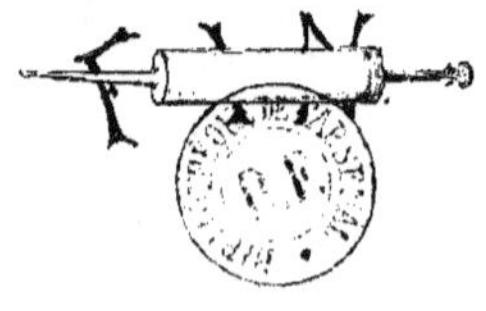

Librairie DE
FIRMIN DIDOT
CONTES & HISTOIRES
POUR LES ENFANTS
LES CINQ
SOUS
D'ISAAC
LAQUEDEM
LE
A. SOUZE
ENGEL REL.